AF479567

© واحة الحكايات للنشر والتوزيع
جمهورية مصر العربية
الإمارات العربية المتحدة
Wahat Alhekayat Publishing
and Distribution
دبي - واحة السليكون
Dubai Silicon Oasis - UAE
+97143336366
+971504599804
+971558236687
Email : w.hekayat@gmail.com
www.wahatalhekayat.com
www.wahatalhekayat.academy
تأليف: د. صفاء عزمي
رسوم: حاتم علي
ISBN 9789776497795
رقم الإيداع بدار الكتب المصرية
2015 / 19719
حقوق الطبع محفوظة

في رَمَضـان

تأليف : صفاء عزمي

رسوم : حاتم علي

هَلَّ الهِلالُ وجَاءَ رَمَضان..
جَاءَ رَمَضان.. جَاءَ رَمَضان..

في رَمَضان نُصَلّي ونَصوم...
في رَمَضان نَقْرَأُ القُرآن...

لا نَأْكُلُ ولا نَشْرَبُ بَعْدَ الفَجْرِ
وحَتَّى الـمَغْرِبِ عِنْدَ الأذان.

8

أُحِبُّ اللَّبَنَ وَقْتَ السُّحور
وأُحِبُّ التَّمْرَ وَقْتَ الفَطُور.

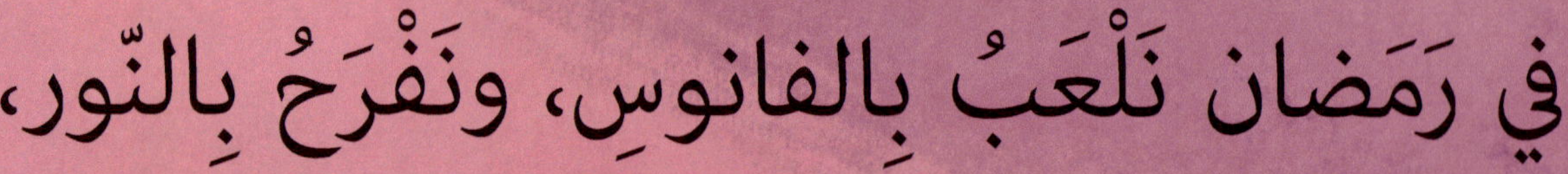

في رَمَضان نَلْعَبُ بِالفانوسِ، ونَفْرَحُ بِالنّور،

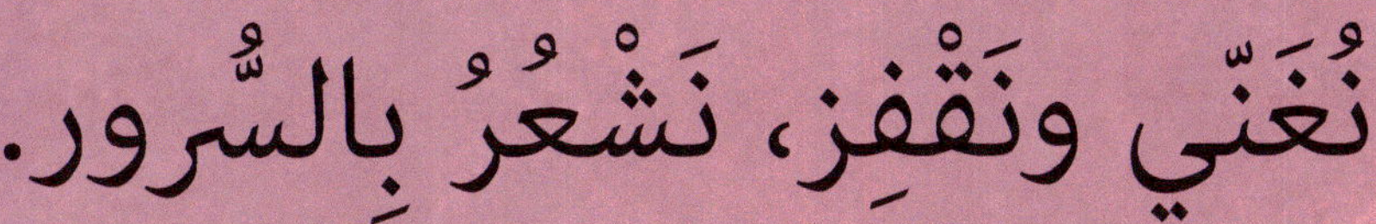

نُغَنّي وَنَقْفِزِ، نَشْعُرُ بِالسُّرور.

في رَمَضان نَحْمِلُ الهَدايا...
نَزُورُ الأهْلَ والأصْدِقاء،

وفي الخَفاءِ... نُسَاعِدُ الـمَرْضَى والفُقَراءِ.

بَعْدَ رَمَضان... يَجيءُ العيد
فَرَحٌ ولَعِبٌ... وثَوْبٌ جَديد
طَعامٌ لَذيذٌ... وكَعْكُ العيد
عيدُ الفِطْرِ... عيدٌ مُبـــارَكٌ
عيدُ الفِطْرِ... عيدٌ سَعيد.